Johann Gottfried Tulla
und die Geschichte der
Rheinkorrektion

Franz Littmann

Johann Gottfried Tulla und die Geschichte der Rheinkorrektion

„O Karlsruh! Karlsruh! wie wirst du unter deinem vortrefflichen Fürsten so ein herrliches Muster der Nachahmung für teutsche Höf' und Städte. Wann die Hofdame und die Stadtzofe anderwärts ihre Zeit am Spieltisch oder unter schalem Gewäsch, am Putztisch oder auf'm Soffa tödtet; oder durch wollüstige Leserey ihr Blut in Sud bringt; so schleicht hier die Dame und das lehrbegierige Mädchen in den Hörsaal weiser Lehrer, um ihre Natur- und Gotteserkenntniß durch ihren Unterricht zu erweitern. O Karl Friedrich, welch ein Segen ist dein, und wie beschämt deine Regierung den Grundsatz der Tyrannen: Laß dein Volk wie's Vieh Lasten tragen! Kümmre dich nichts um ihre Kultur – und um ihre Seeligkeit"

Der Hörsaal, auf den der Schriftsteller und Publizist Christian Friedrich Daniel Schubart in seiner „Teutschen Chronik" (1776) anspielte, war das öffentlich zugängliche „Physische Cabinet" im Karlsruher Schloss. Und der weise Lehrer, der die „Natur- und Gotteserkenntnis" der Karlsruher Bevölkerung erweiterte, war Johann Lorenz Boeckmann (1741 – 1802). Als Professor für Mathematik und Physik am Karlsruher „Gymnasium illustre" hielt er regelmäßig öffentliche Vorlesungen, die auch von der markgräflichen Familie besucht wurden.

Markgraf Karl Friedrich, der sich mit aufklärerisch-religiösem Idealismus um das Wohl seines Landes kümmerte, wie Schubart völlig zu Recht feststelle, war davon überzeugt,

Welche Fortschritte
machten
Mathematick
und
Naturlehre
in den Badischen Ländern.

---

beantwortet
von
Johann Lorenz Böckmann
Hofrath und Professor.

Carlsruhe.
gedruckt mit Macklots Schriften.
1787.

Lorenz Boeckmann: Welche Fortschritte machten Mathematik und Naturlehre in den Badischen Ländern. Karlsruhe 1787.

Das Gymnasium illustre in Karlsruhe.
Das Gebäude an der Nordostecke
des Marktplatzes – zwischen der
Kleinen Kirche und der Pyramide
(heute: Kaufhaus Schöpf) –
wurde 1807 abgebrochen.

dass die Naturwissenschaften eine äußerst wichtige Rolle in der Erziehung und Aufklärung der Menschen spielten. Für ihn war die Unterweisung in Arithmetik und Geometrie eine Sache des ganzen Landes – deshalb rangierten diese Fächer im Lehrplan der badischen Schulen ganz oben.

Wer also mathematisch begabt war und eine Vorliebe für Technik hatte, war gut angeschrieben in einer badischen Schule. So auch Johann Gottfried Tulla, dessen Karlsruher Lehrer seine außergewöhnliche mathematische und naturwissenschaftliche Begabung erkannten und förderten.

An das renommierte Gymnasium illustre wurde der als ältester von drei Kindern des Pfarrers Johann Gottfried Tulla (1738 – 1809) am 20. März 1770 geborene Tulla im Oktober 1783 aufgenommen. Das Licht der Welt hatte er in Karlsruhe erblickt, die Kinderjahre verbrachte er jedoch in Nöttingen. Dort war sein Vater Pfarrer, bis er 1776 nach Grötzingen berufen wurde.

Zehn Jahre später übernahm er die Pfarrei in Britzingen bei Müllheim, kehrte aber bald wieder nach Karlsruhe zurück. Der Grund: „Viel Verdruß" mit einem Lehrer.

Für seinen vom geistigen Klima der Aufklärung geprägten Sohn war jedoch Hofrat Johann Lorenz Boeckmann von entscheidender Bedeutung als Lehrer und Mentor. Boeckmann hatte nicht nur das eingangs erwähnte „physikalische Cabinet" eingerichtet, sondern auch mehrere physikalische Entdeckungen gemacht und zahlreiche naturwissenschaftliche

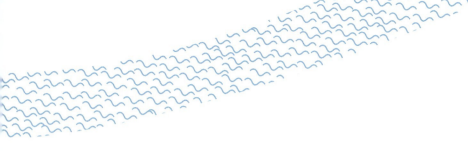

Geburtshaus von Johann Gottfried Tulla in Nöttingen.

Abhandlungen veröffentlicht. Sie befassten sich in der Hauptsache mit den Themen Elektrizität, Optik, Trigonometrie, Geometrie, Mathematik und Naturlehre.

Boeckmanns Initiative verdankte das Land Baden die Einführung von Blitzableitern, außerdem verschickte er das erste deutsche Telegramm: Mit Hilfe eines Telegrafen und mehrerer Streckenposten, die optische Signale empfingen und weiterleiteten, übermittelte der Physikprofessor am 22. November 1794 vom Turmberg aus einen Glückwunsch aus 200 Buchstaben an den Markgrafen Karl Friedrich.

Tulla vervollständigte, von Boeckmann und seinen Kollegen angeregt, nach seiner Schulzeit und zum Teil autodidaktisch, was er in den Fächern Algebra und Geometrie gelernt hatte. In erster Linie wurde er dabei von Peter Perez Burdett (1734 – 1793) angeleitet, zu dessen Aufgaben die Begradigung der Murg gehörte, um die Rastatter Bevölkerung vor den Gefahren des Hochwassers zu schützen. Burdett war es auch, der den „der Geometrie Beflissenen" Johann Gottfried Tulla im Mai 1789 examinierte. Seine Aufgabe in der Prüfung war es, ein „herrschaftliches Heckwäldlein bei Durlach auszumessen, in Plan zu bringen und zu vermessen".

„Der in der praktischen Feldmesskunst" ausgebildete Prüfungskandidat bestand natürlich das Examen.

Die weitere Ausbildung führte Tulla, selbstverständlich großzügig unterstützt von Markgraf Karl Friedrich, zu den damals führenden Wasserbaukoryphäen im Ausland. Zum

Salineninspektor Karl Christian Langsdorf (1757 – ‚1834) in Gerabronn beispielsweise, das zur Markgrafschaft Ansbach gehörte. Von außerordentlicher Bedeutung für Tulla waren seine Begegnungen mit dem Wasserbaudirektor Carl Friedrich von Wiebeking (1762 – 1842) in Düsseldorf und dem Hamburger Wasserbaudirektor Rainhard Woltmann (1757 – 1837), der an der Regulierung der Elbe mitwirkte.

Nach Beendigung seiner Lehr- und Wanderjahre kehrte Tulla im Spätjahr 1796 nach Karlsruhe zurück. Seine Anstellung in badischen Diensten erfolgte ein Jahr später. Als Rechnungsratsadjunkt war er vorwiegend mit Uferschutzbauten beschäftigt, hatte aber immerhin genug freie Zeit, um einige Abhandlungen zu verfassen: Über die „Messung der Geschwindigkeit des fließenden Wassers", über die „Theorie des Fuhrwesens" sowie über diverse „mechanische Einrichtungen und Verbesserungen".

Beinahe hätten Tullas ganz dem Geist der Aufklärung entsprechende Studien seiner Heimat die Erfindung der Dampfmaschine beschert. Im Oktober 1799 übergab nämlich Johann Gottfried Tulla seinem Markgrafen Pläne über eine von ihm gemachte Erfindung eines mit Dampf getriebenen Schiffes. Leider schickte Karl Friedrich diese Pläne an die englische Admiralität nach London, sodass die Frage nicht beantwortet werden kann, ob Arthur Valdenaires Behauptung stimmt, dass, wären Tullas Ideen praktisch verfolgt und ausgeführt worden, ihm sicherlich der

Ruhm eines Erfinders der Dampfmaschine zuteil geworden wäre. Eines aber war Tulla gewiss: der Erste, der die Idee einer „Bändigung des wilden Rheins" mit zukunftsweisender Tatkraft anpackte.

Zu konkreteren Überlegungen einer umfassenden Begradigung des Rheins wurde er in Paris angeregt. Dorthin hatte ihn Markgraf Karl Friedrich im Sommer 1801 geschickt. Zwanzig Monate lang hatte er hier die Gelegenheit, Bekanntschaft mit zahlreichen französischen Ingenieuren zu machen. Eine Konsequenz davon war Tullas „Gesamtplan" zur Korrektion des Rheins, den er am 23. März 1802 aus Paris nach Karlsruhe schickte. Aus diesem geht klar hervor, dass die Grundidee dafür von deutschen und französischen Ingenieuren gemeinsam propagiert wurde. Generell war man sich einig, dass die lokalen Egoismen und Widerstände nur mithilfe der Autorität eines Staatsvertrags über einen solchen Grundplan überwindbar wären. „Sobald ein allgemeiner Plan von deutscher und französischer Seite entworfen und angenommen ist", so Tulla im seinem Bericht aus Paris, „fallen dergleichen äußerst verdrießliche Einwendungen und Streitigkeiten von selbst weg."

Was Tullas Ideen über eine „zweckmäßige" Verbesserung des Rheinlaufs nach hydraulischen und hydrotechnischen Gründen auszeichnete, war weniger das Neue dieser Pläne. Außergewöhnlich und aufsehenerregend war ihr Umfang.

Der Rhein floss bis zum 19. Jahrhundert nicht durch ein einziges, festgelegtes Bett, sondern grub sich durch unzählige Rinnen, die durch Kies- und Sandbänke voneinander getrennt waren. Es war ein Labyrinth von Wasserarmen und Inseln, das mehr Ähnlichkeit mit einer Serie von Lagunen hatte. Entlang des 110 Kilometer langen Teilstücks von Basel bis Straßburg zählte man nahezu 1600 Inseln. Und auf beiden Seiten des mäandrisch fließenden Rheins zogen sich kilometerlange Auenwälder hin.

Johann Gottfried Tullas Pläne zur Rheinbegradigung folgten einem einfachen Prinzip: Die Schlingen des Flusses sollten durchstochen werden, damit sich in der Folgezeit sein neues Bett aus eigener Kraft vertiefte.

Sein „Meisterstück", das ebenso geniale wie gewaltige Projekt der Begradigung des Rheins, konnte Tulla allerdings erst 1817 in Angriff nehmen.

Der erste Schritt auf diesem Weg war seine Ernennung zum Hauptmann im Jahre 1803. Zu seinen Aufgaben gehörte in erster Linie die Aufsicht über den gesamten Flussbau in Baden, das mittlerweile zum Kurfürstentum reüssiert war. Um Überschwemmungen vorzubeugen, brachte er mit Durchschnitten und stabilen Dämmen die Kinzig von Haslach bis Kehl sowie die Rench bei Oberkirch in ein unveränderliches Flussbett.

Seine Theorie der Hydrotechnik praktisch anwenden konnte Tulla auch bei den Flusskorrektionen der Wiese

Der Rhein bei Maxau, im Hintergrund (links) der Karlsruher Rheinhafen.

zwischen Hausen und Lörrach. Johann Peter Hebels Eingangsgedicht seiner „Allemannischen Gedichte" (1803) nennt diesen Fluss „Feldbergs liebligi Tochter", die im Verlauf immer größer und älter wird und sich am Ende mit dem Rhein vermählt. Sie war in viele Arme geteilt, was den Straßenbau erschwerte. Überschwemmungen machten die Straßen unpassierbar und bei Hochwasser wurden die hölzernen Brücken und Stauwehre zerstört.

Von 1806 an bis 1823 plante und leitete Tulla die Korrekturarbeiten im Wiesental – sie dauerten deshalb so lange, weil sie immer wieder durch kriegerische Auseinandersetzungen behindert wurden.

Als in Karlsruhe aus der Schweiz ein Gesuch eintraf mit der Bitte, Tulla die Leitung der Korrektion der Linth zu übertragen, gewährte ihm die badische Regierung den dafür erforderlichen mehrmonatigen Urlaub. Die Linth-Ebene oberhalb des Zürichsees und die Ufer des Walensees waren völlig versumpft. Ständig bedrohten Hochwasser das Gebiet. Zusammen mit Hans Konrad Escher (1767 – 1823), einem Züricher Aufklärer und Politiker (von 1798 – 1803 war er Kriegsminister), entwarf Tulla Pläne zur Trockenlegung des Linthtals. Bei den Arbeiten wandte er die von ihm entwickelte Faschinenbauweise (also für Holzkonstrukte, die Böschungen stabilisieren) im Oberlauf der Linth mit den vielfachen Verästelungen des Flusses an, während es sich auf den anderen Strecken im Wesentlichen um Durchstiche

17

Johann Gottfried Tulla
(1770–1828)

handelte. Aufgrund der höheren Fließgeschwindigkeit vertiefte sich der Fluss sein Bett selbst. Durch den Bau des Linthkanals gelang es, den Wasserpegel um fünf Meter abzusenken, was die Voraussetzung dafür war, dass im Sumpf- und Seuchengebiet zwischen Zürichsee und Walensee ein menschenwürdiges Dasein möglich wurde.

In der Hauptsache war Tulla ein Hydrotekt (Wasserbauer) – er erwarb sich aber auch große Verdienste auf dem Gebiet des Straßenbaus.

So war er zum Beispiel maßgeblich an der Badischen Straßenordnung von 1810 beteiligt, die unter anderem „zur Sicherheit und Bequemlichkeit" der Straßenbenutzer das Bepflanzen mit Bäumen regelte. Sogar das Anbringen von Abstellbänken zum Ausruhen und leichteren Abstellen der meist auf dem Kopf in Körben transportierten Feld- und Gartenfrüchte wurde geregelt; ebenso das Aufstellen von Wegweisern und Stundensteinen, auf denen ein Wanderer „niedersitzend seine Traglast ablegen oder ein Reiter nach römischem Muster leichter zu Pferd steigen konnte".

Wie eng Wasser- und Straßenbau als integraler Bestandteil der Infrastrukturpolitik verknüpft waren, zeigt die Tatsache, dass sie als selbstständige Landesbehörde unter einem gemeinsamen Dach vereinigt waren. Gegründet wurde die badische Wasser- und Straßenbauverwaltung ebenfalls erstmalig in Deutschland – von Tulla im Jahre 1823. Nicht vergessen darf man auch, dass Tulla allen technischen

Fragen, die Karlsruhe betrafen, großes Interesse entgegenbrachte. Besonders engagiert war Tulla bei der Leitung der Ausgestaltung der Beiertheimer Allee. Dieses Geschäft wurde ihm ausgerechnet zusammen mit seinem Erzfeind, dem Architekten Friedrich Weinbrenner, übertragen.

Der sah nämlich in Tulla einen Theoretiker, „der abstrakte Ideen mit unsinnigen Kosten und mit dem Schweiß der Untertanen zu realisieren bestrebt sei". Weinbrenner legte Tulla deshalb, wo er konnte, Hindernisse in den Weg und kritisierte insbesondere seine Pläne für die Rheinkorrektion scharf als unzweckmäßig.

Tulla wiederum fand „das Vorgehen Weinbrenners sehr anmaßend, da ihm alle Kenntnisse der Hydrostatik und Hydraulik mangeln, trotzdem er berufen zu sein glaubt, über einen Gegenstand schreiben zu können, von dessen Ausführung oder Unterlassung das Wohl und Wehe von 100 000 Menschen abhängt. Unser Oberbaudirektor Weinbrenner", so Tullas abschließendes und wenig schmeichelhaftes Urteil im Jahre 1825, „ist der eingebildetste Mensch von der Welt, er hält sich für das größte Genie und glaubt, dass nichts im Weltall existieren könnte, worüber er nichts schreiben und die Menschen belehren könne."

Das war jedoch nicht immer so. Im Jahre 1788 war jedenfalls von Neid und Konkurrenz (weil man um die Gunst des Regenten und die Zuteilung der finanziellen Mittel kämpfen musste) noch nichts zu spüren.

Friedrich Weinbrenner
(1766–1826)

Das belegt der Eintrag eines Mitschülers (Weinbrenner) ins Stammbuch von Tulla:

„Fürchte Gott und heuchle nicht
Voll Friede sei dein Angesicht
Und himmelreich dein Wissen!
Zur Arbeit stark sey deine Hand
Dich zier ein männlicher Verstand,
Bescheidenheit und Stille!
Symbolium semper lustig,
numquam traurig!"

Allerdings – trotz massiver Spannungen – Tulla und Weinbrenner konnten zusammenarbeiten. Etwa beim Bau der Karlsruher Wasserleitung, deren Betrieb am 5. Januar 1824 mit einer Feier auf dem Marktplatz eröffnet wurde. Nach Weinbrenners Entwurf war an der von Durlach nach Ettlingen führenden Straße eine Brunnenstube gebaut worden. Aus dieser leitete man das Wasser mithilfe einer „Maschine" in das Brunnenwerk von Durlach und dann an der Allee entlang durch zwei Röhren nach Karlsruhe.

Eine Vorreiterrolle hatte Tulla auch im Hinblick auf das Pflanzen von Bäumen in Karlsruhe. So zum Beispiel neben den Spazierwegen durch das Beiertheimer Wäldchen, in der Kriegsstraße und den Straßen nach Mühlburg und Durlach. Große Verdienste erwarb sich Tulla bei der Erarbeitung einer

Holzstich zur Kalendergeschichte „Des Adjunkts Standrede über das neue Maß und Gewicht" im „Rheinländischen Hausfreund" von Hebel auf das Jahr 1812.

topographischen Karte des Großherzogtums Baden. Sie erschien 1812 in der C. F. Müller'schen Hofbuchhandlung. Ihre Grundlage war die mit der Methode der Triangulation durchgeführte Vermessung ganz Badens, die Tulla vorgeschlagen hatte.

Die wichtigste Voraussetzung dafür war die Vereinheitlichung des Maßsystems, die der Geheime Hofrat Michael Friedrich Wild (1747 – 1832) erarbeitet hatte. Der neue badische Fuß entsprach ab sofort drei französischen Dezimetern und die neue badische Rute drei französischen Metern.

In seinem Kalender, dem „Rheinländischen Hausfreund", erläuterte Johann Peter Hebel seinen badischen Landsleuten die Vorteile des neuen zehnteiligen (statt wie bisher zwölfteiligen) Systems im Kalenderbeitrag mit dem Titel „Des Adjunkten Standrede über das neue Maß und Gewicht". Die Aufgabe Hebels war es, dafür zu sorgen, dass diese Regierungsmaßnahme von der Bevölkerung verstanden und akzeptiert wurde. Immerhin wurden damit viele Handelshemmnisse, Wechselkosten und Anlässe für Betrügereien beseitigt. Für Tulla war entscheidend, dass es in ganz Baden einheitliche Längenmaße gab. Diesen Fortschritt verkündete unmissverständlich der Adjunkt in seiner Standrede (1812): „Aber wer in der Welt will leben, muß sich nach den Umständen richten, und das gut heißen, was allgemein Nutzen bringt. Das neue Gewicht und Maß bringt allgemeinen Nutzen. Denn Erstlich so wars bisher in jeder Herrschaft, in jedem Städtlein anders, andere Ellen, andere Schoppen, andre Simri oder Sester, anderes Gewicht. Jetzt wird alles gleich von Überlingen oder Konstanz an, am großen See, bis nach Lörrach im Wiesenkreis und von da durch das ganze Land hinab bis nach Wertheim im Frankenland."

Wir wissen nicht, wie intensiv der Kontakt zwischen Tulla und dem zehn Jahre älteren Hebel war – beide waren Schüler am Gymnasium illustre, Mitglied der Karlsruher Museumsgesellschaft und wohnten gar nicht weit voneinander entfernt: der eine (Hebel) am Marktplatz und der andere (Tulla) am Rondellplatz. Wir wissen aber, dass Tulla den „Rheinländischen Hausfreund" sehr schätzte, weil er ihn seinem Freund Claus Kröncke (1771 – 1843) in Darmstadt schickte und mit ihm „eine nicht geringe Freude im Haus verursachte".

Durch seine Weitsicht, seinen Glauben an den Fortschritt und sein persönliches Engagement trug Tulla wesentlich dazu bei, dass in Karlsruhe eine Schule für den mathematischen Unterricht angehender Ingenieure gegründet wurde, eine der Wurzeln der heutigen Karlsruher Universität (KIT).

Er selbst übernahm an dieser im Herbst 1807 eingerichteten Schule die Leitung und einen Teil des Fachunterrichts. Zusammen mit der von Weinbrenner geleiteten Bauschule ging aus ihr später das Polytechnikum (1825) hervor. Bemerkenswert waren die von Tulla eingeführten Unterrichtsmethoden.

Johann Peter Hebel
(1760–1826)

27

Ansicht
Marktplatz Karlsruhe

An der ersten polytechnischen Schule Deutschlands sollte durch den Wechsel von praktischer Arbeit im Sommer und von Theorie im Winter „der mathematische Sinn und Geist in den Eleven gebildet werden, so daß solche bei der Einführung in die Praxis ein selbsttätiges Behandlungs- und Auffassungsvermögen besitzen".

Zwar legte Tulla im Geiste der Aufklärung großen Wert auf Selbstständigkeit und den Ausgang der Schüler aus ihrer „selbst verschuldeten Unmündigkeit", war aber klug genug zu berücksichtigen, sich im Umgang mit Schülern danach zu richten, wie sie wirklich fühlen und nicht, wie sie sich nach Maßgabe einer Theorie fühlen sollten. Bei der Erziehung zu mündigen Ingenieuren gab es eine strenge Disziplinarordnung. Sogar Militäruniformen mussten die Schüler tragen. Als Grund dafür erklärte Tulla, die Schüler der Ingenieurschule müssten „öfter mit gezwungenen Arbeitern wichtige Arbeiten machen". Er selbst wagte sich zuweilen nur bewaffnet auf die Baustellen. Er verlegte auch bald den Unterricht aus dem Nebenzimmer eines Gasthauses in die Wohnung des Professors, weil dort mit gesundem Menschenverstand betrachtet, die Aufsicht besser war „und die Gelegenheit zu Unarten keine sind; denn kein Billard verleitete die Eleven zum Zeitverschleudern, und keine Trinkgelegenheit, sich physisch zu verderben".

Dass Tullas Maßnahme, sich zeitweise nur bewaffnet auf seine Baustellen zu wagen, keineswegs übertrieben war, zeigte sich im Jahr 1813, als er mit der ersten Phase seines Projektes der „Rectifikation des Rheins" anfing. Das Ziel war, dem Rhein von der Schweizer Grenze bei Basel bis zur hessischen Grenze bei Worms auf einer Strecke von 354 Kilometern „ein ungeteiltes, in sanften der Natur anpassenden Bögen oder auch (…) da, wo es tunlich, ein in gerader Linie fortziehendes Bett" zu geben.

Den ersten Abschnitt eines korrigierten Verlaufs plante Tulla als Durchstich für ein neues Strombett zwischen Knielingen (bei Karlsruhe) und Wörth.

Dagegen widersetzten sich jedoch die Knielinger Bauern mit allen ihnen zu Gebote stehenden Mitteln. Weil sie befürchteten, der neue Lauf des Flusses werde für sie die Hochwassergefahr erhöhen und sie würden wertvolle Ackerflächen und Waldungen verlieren, bedrohten sie die Bauarbeiter und beschimpften die Ingenieure. Sie schrieben Protestbriefe und sprachen bei den Behörden vor. Aufgrund der Kriegssituation wurde das Projekt zurückgestellt und kam erst 1817 wieder auf die Tagesordnung. Diesmal waren die Widerstandsaktionen der Knielinger Dorfbevölkerung noch hartnäckiger. Sie machten die Arbeit der Feldmesser zunichte, verhinderten Wasserabflussmessungen, weigerten sich, für das Projekt Faschinen zu liefern oder Arbeitskräfte zu stellen und bedrohten Einwohner der Nachbargemeinden, die sich ihrem Protest nicht angeschlossen hatten. Nachdem dreißig Männer aus Eggenstein versucht hatten, auf der Baustelle zu arbeiten, wurden sie von den handgreiflichen Knielingern vertrieben – etliche wurden dabei sogar verwundet.

Die badische Regierung reagierte darauf und schickte eine Abteilung Infanterie ins Dorf. Außerdem setzte sie das Versammlungsrecht außer Kraft.

Nur unter dem Schutz von fünfundzwanzig Gendarmen konnten die nötigen Holzfällarbeiten fortgesetzt werden. Endlich, im Oktober 1817, begann man mit der Ausgrabung des Durchstichs, die von der Eggensteiner Bevölkerung begrüßt wurde, weil sie den Fluss in eine sichere Entfernung verlegte. Trotz der feindseligen Haltung der Knielinger waren sie bereit, an den Arbeiten mitzuwirken. Schon nach kurzer Zeit war das Gebiet abgeholzt. Zur Fertigstellung des 3,3 Kilometer langen Rheindurchstichs wurde zunächst ein Leitgraben entlang des geplanten neuen Flussverlaufes ausgehoben. Dieser Leitgraben hatte eine Breite von ungefähr zwanzig Metern und reichte bis auf Niedrigwasserhöhe. War der Graben ausgeschachtet, entfernte man die Verschlüsse an seinen Enden, sodass der Fluss der Linie des geringsten Widerstands folgen und die kürzere Strecke nehmen konnte. Anschließend sicherte man mit Faschinen die neuen Uferböschungen und riegelte die entstandenen Altrheinarme mit Dämmen ab.

Der größte Teil der Arbeit wurde natürlich mit menschlicher Muskelkraft oder mit Pferdestärken geleistet. Auf dreißig

Meter Länge kamen durchschnittlich zehn Arbeiter, die das Ausheben des Grabens mit Hacken, Schaufeln, Spaten und Eimern verrichteten. Täglich waren 3000 Arbeiter auf der Baustelle im Einsatz. Schon nach drei Monaten waren die Erdarbeiten bei Knielingen und Eggenstein abgeschlossen, sodass am 20. Januar 1818 der Durchstich für den Wassereinlauf geöffnet werden konnte. Mehrere Tausend Zuschauer waren anwesend.

Von Anfang an war Tullas eigentliches Ziel gewesen, das Land vor den Hochwasserfluten zu schützen. Tatsächlich wurde dieses Ziel erreicht, fruchtbares Land von der ehemaligen Flussniederung zurückgewonnen und Sümpfe trockengelegt, was das Verschwinden von mückenverseuchten Brutstätten für Malaria, Typhus und Ruhr zur Folge hatte. Der Nutzeffekt war jedenfalls so groß, dass heute noch die Einwohner von Maximiliansau das Erntedankfest in der Tullahalle feiern. Bald darauf waren auch die restlichen Durchstiche ausgehoben und alle sechs bis 1820 eröffnet. Weil sie von nun an im Raum Karlsruhe die bisher üblichen Überschwemmungen von großen Hochwässern verhinderten, wandelte sich die Stimmung der Bevölkerung. Tulla konnte mehr als zufrieden sein. Energisch forderte man die Fortsetzung der erfolgreichen „Rectifikations"-Methode. Zur Ausführung kam zu Tullas Lebzeiten allerdings lediglich der erste Abschnitt seines Jahrhundertprojekts. 1821 wurden zwar mit Frankreich Durchstiche bei Plittersdorf und Kehl

Rheinauenlandschaft
bei Maxau

vereinbart, aber erst 1840 ermöglichte ein Abkommen Badens mit dem Nachbar den Beginn der umfangreichen Arbeiten in der Rheinebene.

Es verging noch mehr als ein halbes Jahrhundert, bis Tullas „Meisterstück", die gesamte Strecke zwischen Basel und Worms, begradigt war.

Tulla eilte seiner Zeit voraus. Das Wort „Rheinkorrektion" hat heutzutage einen negativen Unterton, wenn eine pessimistische Perspektive vorherrscht. Gedanklich damit verbunden wird die Veränderung des Ökologiesystems der Rheinauen, das Verschwinden von Auwäldern, Fähren, Schiffsmühlen, der Rheingoldwäscher und zahlreicher Vogel- und Fischarten.

Noch vor einer Generation herrschte demgegenüber eine optimistische Sichtweise vor. Man sah in Tullas Rheinbegradigung eine Maßnahme, die zwar mit Verlusten verbunden war, aber langfristig vielen nur Vorteile brachte. Geschaffen waren damit die Voraussetzungen für den Ausbau des Rheins zu einem europäischen Schifffahrtsweg, was eine Blüte der badischen Rheinhäfen (Mannheim, Karlsruhe und Breisach) zur Folge hatte. Nicht alle Gründe für das „Unbehagen an der Moderne" gehen auf das Werk Tullas zurück, beispielsweise die Verschmutzung des Rheins durch Industrieabwässer. Oder der Rückgang der Fischpopulationen durch den Bau von Staustufen in Verbindung mit Wasserkraftwerken. Diese Veränderungen stehen mit Tullas Rheinkorrektion höchstens in einem indirekten Zusammenhang. Nicht alle Folgeerscheinungen resultieren somit aus Tullas Werk, sondern sind eine Konsequenz von Veränderungen, die nahezu ein Jahrhundert nach seinem Tod erfolgten. So datiert zum Beispiel das Aufheizen des Rheins, weil sein Wasser als Kühlwasser für Kernkraftwerke genutzt wird, eindeutig auf das 20. Jahrhundert. Überhaupt ist es sehr schwierig, bei den einzelnen Ursachen eine klare Trennungslinie zu ziehen. So tragen Düngemittel in der Landwirtschaft zur Verschmutzung des Grundwassers bei, ein Resultat des „blühenden Gartens" in der Oberrheinebene, den Tulla ermöglicht hatte. Problematisch ist es auch, für die Hochwassergefahr der Städte am Mittel- und Niederrhein Tullas Rheinbegradigung verantwortlich zu machen. Er selbst hatte stets gefordert, die Nebenarme nicht vollständig zu sperren. Seine Nachfolger haben dies trotzdem getan und ein System von Deichen gebaut, die den Rhein endgültig in einen Kanal verwandelten. Mit dem Ergebnis, dass der immer strenger korsettierte Flusslauf immer schlimmere Überschwemmungen für weiter flussabwärts lebende Anlieger zur Folge hatte. Hier kann man seit Jahren ein Umdenken beobachten und es entstanden seit 1988 ausgedehnte Polder (Überschwemmungsflächen bzw. Rückhaltebecken).

Tullas letzter Lebensabschnitt war von Krankheiten überschattet. Anfang 1826 war er sechs Wochen lang arbeitsunfähig. An seinem schlechten Gesundheitszustand

Rheinhafen Karlsruhe

änderte auch ein siebenwöchiger Kuraufenthalt in Bad Rippoldsau nichts. Als Ursache seiner Beschwerden stellte man bei Tulla Blasensteine fest. Um sich von ihnen befreien zu lassen, unternahm er Ende Oktober eine Reise zu einem bekannten Chirurgen in Paris. Vergeblich wurde er fünfzehnmal operiert. Nach und nach immer mehr geschwächt, starb Johann Gottfried Tulla achtundfünfzigjährig am 27. März 1828 und wurde auf dem Friedhof Montmartre beigesetzt. Noch heute ist dort sein Grab erhalten, das vom Wasser- und Straßenbauamt gekauft worden war, um das Andenken des ehemaligen Chefs zu ehren, wie sein Assistent Philipp Jakob Scheffel (1789 – 1868), der Vater des Dichters, zu Protokoll gab. Joseph Berckmüller, der von 1817 – 1822 an der Bauschule von Friedrich Weinbrenner studierte, entwarf den Grabstein. Er zeigt eine Reliefkarte des Rheins neben einem aufgeschlagenen Mathematikbuch mit dem Satz des Pythagoras. Außerdem befindet sich auf dem heute noch – auf der obersten Terrasse des Friedhofs – zu besichtigenden Grabstein eine Bogenbrücke unter einem Globus. Markgraf Maximilian, der Bruder von Großherzog Leopold, stiftete 1853 auf der durch den Knielinger Durchstich entstandenen Rheininsel „Abtsgründel" am Rheindamm bei Karlsruhe einen weiteren Gedenkstein. Als Gutsbesitzer von Gut Maxau profitierte er unmittelbar von Tullas Rheinregulierung. Ein zweites Tulla-Denkmal steht in Breisach. Der feierlich von Großherzog Friedrich 1874 auf dem

Philipp Jakob Scheffel (1789–1869), Tullas Assistent und Vater des Dichters Joseph Victor von Scheffel. Er schrieb einen „Nekrolog auf Johann Gottfried Tulla" (Karlsruhe 1830).

Brief von Joseph Victor von Scheffel an seinen Vater (Säckingen, 21.7.1850):
„Aus der Zeit deines Aufenthaltes im Jahre 1813 hier hab ich neulich auch noch ein paar Erinnerungen gefunden, die mich sehr freuen. Da kam neulich ein alter Geometer Eckert, ein Herrischrieder, zu mir und fragte mich, ob ich den Ingenieur Scheffel auch kenne, der damals mit Obrist Tulla hier war, und als ich ihm erwiderte, daß ich denselben zu kennen die Ehre habe, hatte der alte Knabe eine unbändige Freude".

Tullagedenkstein
beim Hofgut Maxau.

Schlossberg eingeweihte 17 Meter hohe Turm mit einem Bronzerelief über dem Portal würdigt den „Bändiger des wilden Rheins".

Nicht zuletzt gibt es mehr als sechzig Tullastraßen allein am Oberrhein. Unter den ersten waren die nach Tulla benannten Straßen in Karlsruhe (1891) und in Mannheim (1894). Das 1955 eingeweihte Karlsruher Tullabad wurde 2008 geschlossen und wird heutzutage vom Zoo als Exotenhaus benutzt.

In Pforzheim gibt es seit 1921 in der Nordstadt eine Tullastaffel und in Remchingen seit 1949 eine Tullastraße. Der Höhepunkt der Tulla-Würdigungen war mit der Benennung von mehreren Tulla-Schulen erreicht, bevor sich das Tulla-Gedächtnis in die entgegengesetzte Richtung eines „Negativ-Images" entwickelte.

Tullastraße
in Karlsruhe.

42

Tullastraße
in Nöttingen.

Literatur

Bernhardt, Christoph:
Im Spiegel des Wassers. Köln/Weimar/Wien 2016.

Blackbourn, David:
Die Eroberung der Natur. München 2007.

Cassinone, Heinrich/Spieß, Karl:
Johann Gottfried Tulla, der Begründer der Wasser- und Straßenbauverwaltung in Baden. Karlsruhe 1929.

Knäble, Karl:
Tätigkeit und Werk Tullas. In: Mosonyi, Emil (Hg.): Johann Gottfried Tulla. Karlsruhe 1970, S. 31–52.

Mosonyi, Emil:
Neueste Entwicklungen des Flussbaus in Wissenschaft und Praxis. In: Mosonyi, Emil (Hg.): Johann Gottfried Tulla. Karlsruhe 1970, S. 63–81.

Scheffel, Philipp Jakob:
Nekrolog auf Johann Gottfried Tulla. Karlsruhe 1830.

Valdenaire, Arthur:
Das Leben und Wirken des Johann Gottfried Tulla. In: Zeitschrift für die Geschichte des Oberrheins. 81 (NF 42), 1929, S. 337–364.

Valdenaire, Arthur:
Die Kunstdenkmäler der Stadt Karlsruhe. Petersberg 2014.

Zerratin, Nicole/Boos, Rainer:
Über das Leben des Wasserbauingenieurs und Gelehrten Johann Gottfried Tulla. Rastatt 2015.

Zier, Hans Georg:
Johann Gottfried Tulla. Ein Lebensbild. In: Badische Heimat. 50 Jahrg. 1970, Heft 4. Freiburg 1970, S. 379–446.

Zimmermann, Wolfgang:
Der Rhein. Verbindungslinie Badens. In: Badisches Landesmuseum Karlsruhe (Hg.): Baden! 900 Jahre Geschichten des Landes. Karlsruhe 2012, S. 158–161.

Bildnachweis

S.6
GLA Karlsruhe, Cw 8050
S.7
Stadtarchiv Karlsruhe, 8/PBS XIVd 187/1
S.9
Ewald Freiburger
S.14, 15
Ewald Freiburger
S.17
GLA Karlsruhe, J-Ac Nr. T11
S.20
Stadtarchiv Karlsruhe, 8/PBS III 1694
S. 22, 23
Museum für Literatur am Oberrhein Karlsruhe
S.26
Museum für Literatur am Oberrhein Karlsruhe
S.27
GLA Karlsruhe, J-B Karlsruhe 74
S.32
Ewald Freiburger
S.35
Ewald Freiburger
S.37, 38
Museum für Literatur am Oberrhein
S.39
Ewald Freiburger
S.41
Ewald Freiburger
S.42
Ewald Freiburger

Doppelseitige Karten:

Nach S. 16:
GLA Karlsruhe, H-c Nr. 14
GLA Karlsruhe, H-f 4a I
Nach S. 32:
GLA Karlsruhe, H Rheinstrom Nr. 72

Impressum

Johann Gottfried Tulla und
die Geschichte der Rheinkorrektion
Franz Littmann

Herausgeber:
Ewald Freiburger, Alexandre Goffin und Jeff Klotz
J. S. Klotz Verlagshaus
Schloss Bauschlott
Am Anger 70 | 75345 Neulingen
www.klotz-verlagshaus.de

Gemeinde Remchingen
Bürgermeister Luca Wilhelm Prayon
San Biagio Platani Platz 8
75196 Remchingen

Fotografien: Ewald Freiburger
Umschlaggestaltung: Anna Eickhoff
Titelbild: Anna Eickhoff
Satz: Anna Eickhoff

Das Werk ist in allen Teilen urheberrechtlich geschützt. Jede Verwertung ist ohne Zustimmung des J. S. Klotz Verlagshauses unzulässig. Dies meint vor allem Vervielfältigungen, Einspeicherung und Weiterverarbeitung durch digitale Systeme.

1. Auflage
© J. S. Klotz Verlagshaus, 2020

Informationen über Bücher aus dem Verlag
unter www.klotz-verlagshaus.de
Alle Rechte vorbehalten
ISBN 978-3-948424-57-2